BEI GRIN MACHT SICH IHR WISSEN BEZAHLT

- Wir veröffentlichen Ihre Hausarbeit, Bachelor- und Masterarbeit

- Ihr eigenes eBook und Buch - weltweit in allen wichtigen Shops

- Verdienen Sie an jedem Verkauf

Jetzt bei www.GRIN.com hochladen und kostenlos publizieren

Bibliografische Information der Deutschen Nationalbibliothek:

Die Deutsche Bibliothek verzeichnet diese Publikation in der Deutschen Nationalbibliografie; detaillierte bibliografische Daten sind im Internet über http://dnb.d-nb.de/ abrufbar.

Dieses Werk sowie alle darin enthaltenen einzelnen Beiträge und Abbildungen sind urheberrechtlich geschützt. Jede Verwertung, die nicht ausdrücklich vom Urheberrechtsschutz zugelassen ist, bedarf der vorherigen Zustimmung des Verlages. Das gilt insbesondere für Vervielfältigungen, Bearbeitungen, Übersetzungen, Mikroverfilmungen, Auswertungen durch Datenbanken und für die Einspeicherung und Verarbeitung in elektronische Systeme. Alle Rechte, auch die des auszugsweisen Nachdrucks, der fotomechanischen Wiedergabe (einschließlich Mikrokopie) sowie der Auswertung durch Datenbanken oder ähnliche Einrichtungen, vorbehalten.

Impressum:

Copyright © 2017 GRIN Verlag
Druck und Bindung: Books on Demand GmbH, Norderstedt Germany
ISBN: 9783668621275

Dieses Buch bei GRIN:

https://www.grin.com/document/387714

Sarah Jungnitz

Kants Terminus des Weltbürgertums. Ein infantiles Postulat oder eine realistische Idee?

GRIN Verlag

GRIN - Your knowledge has value

Der GRIN Verlag publiziert seit 1998 wissenschaftliche Arbeiten von Studenten, Hochschullehrern und anderen Akademikern als eBook und gedrucktes Buch. Die Verlagswebsite www.grin.com ist die ideale Plattform zur Veröffentlichung von Hausarbeiten, Abschlussarbeiten, wissenschaftlichen Aufsätzen, Dissertationen und Fachbüchern.

Besuchen Sie uns im Internet:

http://www.grin.com/

http://www.facebook.com/grincom

http://www.twitter.com/grin_com

Ludwig-Maximilian-Universität München

Fakultät 10

Studentin: Sarah Jungnitz

Seminar: Immanuel Kant "Zum ewigen Frieden"

SoSe 2017

Kants Terminus des Weltbürgertums - ein infantiles Postulat oder eine realistische Idee?

4. Semster, Bachelor:
Philosophie und Sprache/Literatur/Kultur (SLK)

In seiner Anthropologie schreibt Kant, daß ein Weltbürger die Welt als Einsasse betrachten muß, nicht als Fremdling. "Nicht Weltbeschauer sondern Weltbürger sein."[1]

In dieser Aussage läßt sich die Aktivität des letzteren herauslesen. Statt jemand, der die Welt lediglich betrachtet, muß der Weltbürger, der sich davon nach Kant unterscheidet, die Welt aktiv gestalten. Ebenso läßt sich daraus, Verantwortung ablesen, die einem Weltbürger zugeschrieben wird, der gerade kein Fremdling ist. Dies muß einen bestimmten Grad an Aufklärung voraussetzen, ein Wissen, auf das zurückgegriffen werden kann, um Verantwortung überhaupt erst zu ermöglichen. Ein Bürger muß über seine Rechte und Pflichten in Kenntnis sein, muß aber darüber hinaus auch über moralisches Wissen verfügen, weil er sonst nur ein gesetzlicher Bürger, aber eben immer noch ein Fremdling, ein nicht ganz in die Gesellschaft integrierter Bürger wäre.

Zudem gilt für Kant, der mit seinem Wahlspruch 'Sapre aude!'[3] die Aufklärung einleitete, das 'Selber Denken' an oberster Stelle der Bedeutsamkeit bei einem Menschen. Bürger die nicht selber denken, seien solche die mittels Geld aus Bequemlichkeit diese Tätigkeit umgehen oder jene, die aus Angst selber zu denken, lieber den konservativen Überzeugungen der Gesellschaft folgen. Dieser polemische Angriff in seinem Aufsatz "Was ist Aufklärung" ist auch als Aufforderung aufzufassen, als Bürger nicht nur den Gesetzespflichten nachzukommen, sondern darüber hinaus, seinen eigenen Verstand für Überlegungen zu verwenden. Dies wird bei Kant nicht explizit von einem Bürger oder Weltbürger erwartet, sondern generell von einem Menschen gefordert, der für Kant das "Letztziel der Welt"[1] ist, also für Fortschritt schlechthin steht. Ein Weltbürger muß darüber hinaus in der Lage sein, das gesellschaftliche Toleranz- und Gerechtigkeitsempfinden aus dem eigenen Staate, auf die ganze Welt auszudehnen. Etwa wie der Humanist Lew Kopelew, der auch, aufgrund seiner Bemühungen als Dolmetscher zwischen den Nationen, als Weltbürger bezeichnet wird.[10] Dieser muß also die Fähigkeit besitzen, beim Gewahrwerden verschiedener Völker, sie dennoch alle als gleiche Menschen wahrzunehmen und anzuerkennen. Sein menschlicher Gerechtigkeitssinn darf nicht an der differenziellen geographischen Herkunft und der damit einhergehenden verschiedenen Lebensarten der Menschen gebunden sein. Die Eigenschaften des Weltbürgers oder auch Kosmopolit, setzen sich demnach, neben dem ihm bekannten Rechten und Pflichten als Staats- und Weltbürger, aus Veranwortungsbereitschaft, Tendenz zur Aktivität, Selber Denken und Weltoffenheit zusammen.

In dem Online Magazin Nano wird das Welbürgertum als eine revolutionäre Idee Kants gehandelt, dessen Ziel es ist, daß gleiche Rechte für alle Bewohner dieses Planeten gelten.[4]

So würden zum ersten Mal in der Geschichte, Inländer und Ausländer unter rechtlicher Perspektive gleichgestellt, schreibt Robert Leicht in einem Artikel der Zeit.[11]

Seit der Gründung der Vereinten Nationen und ihrer zumindestens auf dem Papier festgeschriebenen Menschenrechte, ist eine Weltgemeinschaft[5], um den Terminus von dem Professor Julian Nida-Rümelin zu verwenden, vom menschlichen Verstande aus in Reichweite gerückt. Umsetzbar wird er dadurch jedoch noch nicht. Eine Weltgemeinschaft hat die Bedingung, daß jeder einzelne ihrer Bürger aufgeklärt ist.

Für den Philosophen Anthony Appiah gehört dazu vor allem "der Gedanke, daß wir Pflichten gegenüber anderen Menschen haben, die über Blutsverwandtschaft und Staatsbürgerschaft hinausgehen" sowie wir "den Wert des *einzelnen* menschlichen Lebens (S. 13)"[6] Bedeutung zumeßen müßen. Dies muß ein gesundes Bewußtsein unserer Selbst und eine Bereitschaft zu lernen voraussetzen, damit wir in unserer Erfahrung, Pflichten gegenüber anderen zu haben, wahrnehmen. Appiah schreibt "Der Kosmopolit weiß: Die Menschen sind verschieden, und wir können viel aus diesen Unterschieden lernen (S. 13)."[6] Dies muß den 'guten Willen' von Kant's Metaphysik der Sitten[12] bedingen: Die Bereitschaft seinen guten Willen einzusetzen, zum Beispiel in Form einer Pflicht anderen zu helfen. Toleranz und Akzeptanz sind also von nöten, um als Weltbürger andere Weltbürger mit gleichen Rechten ausgestattet anzuerkennen und zu würdigen. Für eine Weltgemeinschaft ist daher vor allem Weltoffenheit essentiel.

Kant schreibt bei der Annäherung an eine weltbürgerliche Verfassung in seiner Friedensschrift davon, daß eine "Rechtsverletzung an einem Platz der Erde [...]

an allen gefühlt (S.32)"[2] wird. Die Weltgemeinschaft, die ihm vorschwebt, ist daher von gegenseitiger Achtung geprägt und im weitesten Sinne auch eine Frage der Identität.

In seinem Aufsatz "Idee zu einer allgemeinen Geschichte in weltbürgerlicher Absicht", den Kant noch 11 Jahre vor der Friedenschrift verfasste, geht er davon aus, daß die Geschichte der Menschheit nach einem bestimmten Plane der Natur verlaufe.[7] Der Natur ist also letzlich daran gelegen, daß wir einen weltbürgerlichen Zustand unter den Menschen etablieren.

Der Widerstand, den die Natur in uns provoziert oder herausfordert, ist am Ende Ursache einer gesetzmäßigen Ordnung, wie es aus Kants vierten Satz dieses Aufsatzes hervorgeht.

Zunächst beschert sie uns oft Leid. Direkt den Weg der Vernunft einzuschlagen, wäre Kant zufolge, demnach der Zeitsparsamste und auch klügere, weil von Weisheit getragener Weg (S. 130)[1]. Jedoch müßten wir der Natur für ihre Unverträglichkeit danken (4. Satz)[7], da nur jener Widerstand, den sie in uns auslöst, alle Kräft des Menschen erwecken würde. In Bezug auf das Weltbürgerrecht, muß das bedeuten, daß uns die politische und soziale Situation eines Landes so sehr zu Mißfallen anregt, daß unser Wiederstand groß genug ist, um uns aus der Reserve zu locken, damit wir 'endlich' pflichtgemäß handeln. Demnach würde das Weltbürgerrecht vorrangig als eine Nebenbilanz erscheinen, die auf sich alleine gestellt, unbedeutend gesehen wird, da sie auf zweifelhaften Motiven versucht wird in die Wege zu leiten. Wie kann jedoch bei solch einem Vorhaben, daß aus Entrüstung heraus geschieht, ein kluges, neutrales Handlungsmotiv bestehen? Fraglich ist, ob ein objektiver Standpunkt zu Beginn einer solchen Handlung eingenommen werden kann und ob dies nicht ein Hindernis für eine gelingende Umsetzung des Weltbürgerrechtes wäre. Wenn die Natur, die Menschen dazu anregt Kriege zu führen und daß, dennoch wie Reinhardt Brandt schreibt "Der Geschichtsprozess im Ganzen sich nicht um Moral und Unmoral kümmert, sondern, die Menschheit in eine Parallelaktion zum gesollten moralischen Ziel führt (S. 104)."[9], sie also über Umwegen auch zum Weltbürgerrecht lenkt, so laßen sich natürlich diese Umwege hinterfragen.

Kant plädiert schon in seiner Anthropologie dafür, daß der Mensch erkennt, daß die Natur mit ihm spielt (S. 221)[1], er sich ihr also mittels seiner Vernunft entgegenzustellen hat. Diese würde vermutlich die Umwege der Natur zum Weltbürgerrecht oder gänzlich zum 'ewigen Frieden' verkürzen.

Das Motiv muß deshalb entscheidend sein, weil der Handelnde nur über ein mit ihm selbst verbundenes Motiv ein authentisches Bild seiner Selbst abliefern kann, was wiederrum wichtig für einen einwandfreien Gebrauch seiner Vernunft ist (§ 4)[1], die nach Kant unbedingt erforderlich ist, um sich dem Weltbürgerrecht anzunähern.

Ein Weltstaat 'Kosmopolis', der Friede als ein Grundbedürfnis versteht, somit als höchstes Ideal, das immerfort angestrebt wird, muß diesen Frieden für alle Einzelstaaten gleichermaßen ermöglichen. Zugleich müßen diese Einzelstaaten jedoch auch die gleichen Werte teilen, damit sie dieses gemeinsame Ziel, den 'ewigen Frieden' überhaupt verfolgen. Aufgrund eines vorhandenen Spielraums zwischen dem Weltstaat, als oberste Organisation und den vielen Einzelstaaten, die nach Kant souverän sein sollen, sind Komplikationen in dieser Beziehung nicht ganz von der Hand zu weisen. Eine fehlende Kontrallinstanz sei hier erwähnt, die mögliche Machtmißbrauch verhindert und den weiteren Ausbau des Weltbürgerrechts, der wohl nur sukzessiv erfolgen kann wie die Erfahrung zeigt, vorantreibt. Darüber hinaus, ist dem Hospitalitätsrecht (S. 28)[2] von Kant, ein gemeinsamer Konsens der Menschen als Vorraussetzung zu ergänzen, die nicht als eine unproblematische Hürde gesehen werden kann. Selbst wenn da Hospitalitätsrecht gesetzliche Anwendung findet, wofür bereits Einigung unter den Gesetzesgebern vorliegen muß, bedarf es der Zustimmung der Bürger, die sich daran halten sollen.
All das, würde darauf hinweisen, daß es Schwierigkeiten in der praktischen Umsetzung des von Kant's gedachten 'Weltbürgerstaat' gebe.

Die Kolonialisierungskritik in seiner Friedenschrift, kann wohl sehr gut die heutige Situation zwischen Industrieland und Entwicklungsland, die Ausbeutung von deren Ressourcen, beschreiben. Jene Kritik nutzt Kant in seinem Dritten Definitivartikel als Beispiel eines inhospitalem Verhalten, das der Annäherung einer weltbürgerlichen Verfassung entgegensteht. Auch der

Staat Nordkorea hat sich mit inhospitalem Verhalten einen Namen gemacht. Alll dies zeigt, daß eine Bereitschaft der Reflektion über das eigene Verhalten der einzelnen Staaten nicht an oberster Stelle ihrer Agenda steht. Dies muß dem Vernunftrecht zuwiderlaufen. Entkolonialisierung sowie einen Schritt in Richtung hospitalem Verhalten scheinen so außer Reichweite zu rücken, wären da nicht die Instanzen, die als internationales Druckmittel der Presse, zumindestens die Botschaft eines Appels, im weiteren auch Sanktionen geben und erlassen können.

Auch diese sind nach Otfried Höffe kritikbedürftig, wie im weiteren gezeigt werden wird. Sie sind jedoch ein Anfang. Mit der Gründung der UNO, im Jahre 1945, spricht Jürgen Habermas von dem Aufgriff der Kantischen "Idee der Herstellung einer weltbürgerlichen Ordung" (S. 222).[8]

In der Ausgabe des ewigen Friedens als Werksinterpretation, herausgegeben von Otfried Höffe, heißt es "bei Kant gibt es keine Utopien, sondern Vernunftziele, die keine Hirngespinste sind (S. 105)[9]". Vernunft ist für Kant also alles anderes als utopisch, wirklichkeitsfremd und schlecht umsetzbar. Jedoch räumt er die Schwierigkeiten, die der Mensch in Bezug zu seinem eigenen Zugang zu seiner Vernunft hat ein. Wenn Vernunft und mit ihr, das Weltbürgerrecht in seiner vollen Entfaltung, nach Kant erreichbar ist, wenn auch nur in der Annäherung in dem ewigen Frieden, dann muß eher der bisherige Zustand der Vernunft angezweifelt werden, als das heutige wenig bis gar nicht vorhandene Weltbürgerrecht. Die Thematik der Menschenrechte im öffentlichen Diskurs, die Kant vom Weltbürgerrecht ableitet, muß parallel mit dem Zugang der Vernunft eines jeden einzelnen erfolgen.

Nicht zuletzt wird mit der UNO ein gemeinsames Denken angestrebt, jenes, daß Reinhard Brandt bei Kant als einen Weltphilosophen als Intention herausliest (S. 95)[9]. Gemeinsames Denken als Annäherung für den ewigen Frieden muß ein kosmopolitisches Ziel sein, daß eine Basis bildet, auf der Ideen und Entwicklungen prosperieren können. Auch nach den "drei Modellen der Friedenssicherung bei Kant" (Otfried Höfe), den zunächst der extrem minimale Weltstaat (EMW) als Leitmodell darstellt, dessen Einrichtung durch die Erfahrung des Krieges und die republikanische Verfassung der Einzelstaaten umsetzbar sei, sowie auch die Idee des freien Handels Teil dieser

Friedenssicherung sei[9]; schimmert dieses gemeinsame Denken als eine Zusammenarbeit von Mitgliedern und deren Stabilisator als EMW hindurch. Otfried Höffe schreibt, daß es "dadurch nicht nur Frieden, sondern auch Freiheit und Wohlstand (S. 178)"[9] gebe. Wenn das Weltbürgerrecht als ausschließliche Absicht verfolgt werden würde, hätte es ertragreiche Nebeneffekte, die das Hauptziel beständig voranzwingen. Die Beziehung "von Individuen zu fremden Staaten (S.184)[9]", die das Weltbürgerrecht anspricht, muß also von einem gemeinschaftlichen Denken als Basis und Ziel, einem Grundkonsens getragen sein.

Die Aufgabe der Vereinten Nationen ist es, den Frieden zu sichern. Otfried Höffe hat dies pejorativ mit einigen Beispielen untersucht und zieht im Ganzen eher eine negative Bilanz. Aussagen wie "[...] verbleibt die Charta der Vereinten Nationen im Stadium eines trockenen Versicherns (S. 183)"[9] oder "die Weltorganisation ist bestenfalls eine Instanz neben und unter vielen anderen. (S. 185)"[9] verdeutlichen seinen äußeren Standpunkt als einen Beobachter, des unzureichenden weiterentwickelten von Kant angestoßenen Projekt des Weltbürgerrechts. Die Kritik an den Vereinten Nationen muß zeigen, daß diese sich erst im Anfang eines geschichtlichen Prozess befindet, der bisher noch nicht seine volle Vernunft entfaltet hat.

Die Weltheits- und Entwicklungskonferenz (United Nation Conference on Trade and Development, UNCTAD) der UNO, die 1964 gegründet wurde und jährlich die UN DP Statistic, einen Weiterentwicklungsbericht der Menschheit erstellt, muß Kant zufolge ein bedeutender Baustein in Richtung der Annäherung des Weltbürgerrechts sein.

In seinem Vortrag "Über Grenzen denken" erwähnt der Philosoph Julian Nida-Rümelin, daß es sich bei der aktuellen Flüchtlingsproblematik in Europa immer auch um die Auseinandersetzung mit dem Sujet des kosmopolitischen Camps handelt. Dies sei gemäß der Chancengleichheit "dafür, daß Staatsgrenzen im Prinzip unzulässig sind", hierbei müßte man jedoch weiter unterscheiden. Gleiche Rechte für jeden Bewohner auf diesem Planeten mit der Aufhebung der Staatsgrenzen gleichzutun, würde Standards kippen, die "man so nicht wollen könnte" Zudem geht er davon aus, daß eine humane Gesellschaft sich nicht ohne Staatlichkeit und politische Gestaltungskraft organisieren läßt.

Jedoch würden ohne jegliche Grenzen die staatlichen Gebilde der Hauptträger [die Nationalstaaten] nicht mehr funktionieren.[5] Staatsgrenzen müßen dem kosmopolitischen Recht nicht entgegenstehen, sondern können, als Maß-Indikator für die Vereinheitlichung weltweiter Standards in Bezug auf Menschenrechte gelten.

Kant hat mit seiner Idee vom kosmopolitischem Recht einen Präzedenzfall geschaffen: Die Beziehung zwischen Staaten und Bürgern rückt in den Vordergrund. Damit hat er einen konzeptuellen Rahmen entwickelt für weitere Rechte wie Flüchtlingsrecht und Asylrecht.

Insgesamt, kann gesagt werden, daß Kant's Idee des Weltbürgerrechts revolutionär ist. Sie muß eine realistische Idee sein, wenn wir Menschen der Natur der Geschichte nach, einen Fortschritt erzielen wollen. Wenn es also möglich war, daß Kant Wissen und Erfahrungswert über Natur in Verbindung mit der Vernunft und dem Fehlen der Vernunft des menschlichen Verstandes geistlich hervorgebracht hat, dann muß es ebenso möglich sein, diese Vernunft als individuelle 'Renaissance' der Natur nach eines jeden einzelnen und zugleich als Gesamt- 'Renaissance' wieder zu beleben, um soetwas wie einen Weltstaat zu erhalten. Die Kosmopolis als ein infantiles Postulat zu bezeichnen, wäre unvernünftig, da es entgegen dem Lauf der Natur sein würde. Die Kosmopolis als eine ausbauende, sich ständig weiterentwickelnde, realistische Idee anzusehen, muß deshalb eher zutreffen, da die Geschichte der Aufklärung gezeigt hat, daß Vernunft und die damit verbundene, für den Weltbürger so bedeutende Weltoffenheit gegenüber anderen Menschen, ein Prozess der Absorption sind.

Literaturverzeichnis

[1] Kant, Immanuel: "Anthropologie in pragmatischer Hinsicht", Becker, Wolfgang (Hg.) Stuttgart: Reclam, 1983.

[2] Kant, Immanuel: "Zum ewigen Frieden. Ein philosophischer Entwurf.", Stuttgart: Reclam (Universitäts-Bibliothek-Nr. 19065).

[3] Kant, Immanuel: "Beantwortung der Frage: Was ist Aufklärung?", unter: http://gutenberg.spiegel.de/buch/-3505/1, 1784, (aufgerufen am 25.04.2017).

[4] Nano "Immanuel Kant's Weltbürgertum, Globalisierung", unter https://www.youtube.com/watch?v=seg0KxbHu_g; 2012, (aufgerufen am 08.09.2017).

[5] Nida-Rümelin, Julian: "Die Ethik der Migration.
Über Grenzen denken."
unter: https://www.youtube.com/watch?v=3VbfcVPKmTg (aufgerufen am 08.09.2017).

[6] Appiah, Anthony: "Der Kosmopolit. Philosophie des Weltbürgertums.", München: C.H. Beck, 2007.

[7] Kant, Immanuel: "Idee zu einer allgemeinen Geschichte in weltbürgerlicher Absicht", 1784, S. 385-411, Przybyl, Klaus-Dieter (Hg.), unter: http://gutenberg.spiegel.de/buch/-3506/1 (aufgerufen am 12.09.2017).

[8] Habermas, Jürgen: "Eine politische Verfassung für die pluralistische Weltgesellschaft?", 2005, unter:
https://www.nomos-elibrary.de/10.5771/0023-4834-2005-3-222/eine-politische-verfassung-fuer-die-pluralistische-weltgesellschaft-jahrgang-38-2005-heft-3
(abgerufen am 08.06.2017).

[9] Kant, Immanuel: "Zum ewigen Frieden.", Klassiker Auslegen, Höffe, Otfried (Hg.), Berlin: Akademie Verlag, 2011.

[10] Meier, Reinhard: "Lew Kopelew. Humanist und Weltbürger.", Frankfurt: Theiss (WBG), 2017.

[11] Leicht, Robert: "Der Fremde in uns", unter: http://www.zeit.de/2000/52/Der_Fremde_in_uns/seite-4, (2000), (abgerufen am 13.09.2017).

[12] Weilmeier, Dr. Christian: "Grundlegung zur Metaphysik der Sitten von Immanuel Kant, unter: https://www.youtube.com/watch?v=dtlttmkpdlI (abgerufen am 19.09.2017).

BEI GRIN MACHT SICH IHR WISSEN BEZAHLT

- Wir veröffentlichen Ihre Hausarbeit, Bachelor- und Masterarbeit

- Ihr eigenes eBook und Buch - weltweit in allen wichtigen Shops

- Verdienen Sie an jedem Verkauf

Jetzt bei www.GRIN.com hochladen und kostenlos publizieren